Un magnifique carnet de recettes manuscrites datant du XXe siècle, "Cuisinière Lyonnaise" (paru aux Éditions Stéphane Bachès), est à l'origine de cette collection. Pour rendre hommage et poursuivre le travail de cette femme, Sonia Ezgulian, cuisinière après avoir été pendant dix ans journaliste, s'est lancée dans une quête de recettes traditionnelles. Ainsi est née une collection complète de belles et authentiques recettes régionales, celles qui sont inscrites dans les carnets de nos grand-mères, celles qui se transmettent de mère en fille, de femme à femme, gourmandes et passionnées...

Cuisinière Aveyronnaise

ÉDITIONS STÉPHANE BACHÈS

Cuisinière Aveyronnaise

"Le Rouergue est l'un de ces pays comblés par la nature, qui font aimer la vie sur la planète." C'est ainsi que le plus grand des critiques gastronomiques, le célèbre Curnonsky, résumait la région.

L'Aveyron est en effet un fabuleux terroir où l'on trouve de magnifiques viandes, celle du bœuf de l'Aubrac et du veau de Ségala. Le jambon de Najac était, lui aussi, vanté par un grand gastronome, Rabelais.

Les jambons najacois, issus de porcs engraissés à la farine de châtaigne, n'ont rien à envier aux plus prestigieuses appellations mais sont hélas assez rares ; ils valent donc le détour. Les fromages comme le Bleu des Causses, le Roquefort, le Laguiole, le Pérail ou le Cabécou affirment leur caractère. Les fruits et légumes ne sont pas en reste et la cuisinière aveyronnaise ne se lasse pas de composer des festins avec ces produits d'exception.

Table des recettes

Entrées:

Plats et accompagnements :

Desserts:

Boissons:

Recettes

Le picoussel de Mauricette

400 g de farine
Quatre œufs
20 cl de lait
Une botte de cerfeuil
Une botte de persil plat
Une poignée de feuilles de blettes
Une dizaine de pruneaux
Un verre d'Armagnac
Quatre fines tranches de lard
Une noix de saindoux

La recette du picoussel varie en fonction de l'approvisionnement du réfrigérateur de Mauricette. Ce plat est souvent préparé quand on reçoit à l'improviste, et l'on peut y incorporer des produits qui ne figurent pas dans la liste des ingrédients ci-dessus comme des pommes, des poires, des champignons ou des restes de viande. On fait gonfler les pruneaux dans un peu d'eau chaude avec l'Armagnac. Dans un saladier, on fouette énergiquement la farine, les œufs et le lait pour obtenir une pâte lisse sans grumeaux. On incorpore les herbes aromatiques et les blettes hachées. On ajoute les pruneaux et on assaisonne de sel et de poivre. On graisse un plat à gratin de saindoux, on tapisse le fond de lard et l'on verse la pâte. On enfourne le picoussel trois quarts d'heure à 180°C, puis on le sert avec une salade de jeunes pousses ou de pissenlits.

Gâteau de chou aux cèpes

Une vingtaine de feuilles de chou
Une dizaine de fines tranches de poitrine fumée
Cinq oignons
Trois louches de bouillon de volaille
800 g de cèpes
Un verre de jus de viande
Une noisette de saindoux

On fait blanchir quelques minutes les feuilles de chou dans de l'eau bouillante salée et on les égoutte. Dans une cocotte en fonte, on étale une couche de tranches de poitrine fumée, une couche d'oignons émincés et une couche de feuilles de cho On renouvelle trois fois l'opération et l'on arrose de bouillon de volaille. On couvre et l'on enfourne une heure à 160°C. On coupe les cèpes en deux, on les fait suer vivement dans une poêle avec le saindoux, on les assaisonne de sel et de poivre puis on les arrose de jus de viande. On démoule le gâteau de chou sur un plat et l'on nappe de ceps au jus de viande.

Tripes au safran

2 kg de gras-double
Trois carottes
Deux oignons
Deux clous de girofle
Une tête d'ail entière
Un bouquet garni
Deux ∞ de veau
Une cuillerée à soupe de grains de poivre
Une bouteille de vin blanc
Trois cuillerées à soupe de farine
Pour la farce:
300 g de jambon cru de montagne
Une cuillerée à soupe de farine
Un oignon
Deux gousses d'ail
Quelques brins de persil plat
Une pincée de safran
Un petit verre d'armagnac
Une cuillerée à soupe de câpres
Une noix de saindoux

On commence par faire blanchir le gras-double dans une grande casserole d'eau bouillante pendant une quinzaine de minutes, on l'égoutte puis on le coupe en lanières. On les dispose dans une grande terrine avec les os de veau, les carottes coupées en rondelles, les oignons émincés, les gousses d'ail épluchées et entières, le bouquet garni, les grains de poivre et les clous de girofle écrasés avec le plat du couteau. On assaisonne de sel et l'on recouvre de vin blanc puis d'eau pour bien immerger tous les ingrédients. Dans un bol on mélange les trois cuillérées à soupe de farine avec un peu d'eau pour confectionner une pâte. On la roule pour former un cordon qu'on utilise pour luter la terrine : la pâte sert à fermer hermétiquement le couvercle de la terrine et permet de conserver tous les fumets de cuisson. On enfourne la terrine lutée dix heures à 140°C. On retire la terrine du four et on laisse reposer le temps de préparer la farce. On fait suer le jambon cru coupé en petits dés avec le saindoux, l'oignon, les gousses d'ail et le persil finement hachés. On saupoudre de farine on mélange longuement et l'on mouille avec l'Armagnac et une louche de bouillon de cuisson du gras-double.
On incorpore le safran et on laisse mijoter.
On retire les os de veau et le bouquet garni de la terrine, on ajoute la farce et l'on parsème de câpres avant d'apporter la terrine à table.

Les fameux fricandaux de Ginette

300 g de lard
300 g de jambon à l'os
300 g de foie de porc
Deux échalotes
Deux gousses d'ail
Quelques brins de persil plat
150 g de crépine
Une bonne rasade d'huile d'arachide

On hache avec une grille fine le lard, le jambon à l'os et le foie de porc. Dans un saladier, on mélange ces viandes avec les échalotes et les gousses d'ail finement hachées. On ajoute le persil ciselé, du sel et du poivre. On façonne des boulettes de la taille d'un abricot et on les enveloppe de crépine. On laisse reposer les fricandaux une heure au frais avant de les cuire dans une poêle avec l'huile d'arachide. On les retourne souvent en les arrosant d'huile pour les cuire uniformément et ne pas les dessécher. On déguste les fricandaux chauds, avec des pommes de terre sautées, ou froids avec une salade.

Lièvre en saupiquet rouergat

Un lièvre
Deux oignons
Deux tranches de pain légèrement rassis
Un verre de bouillon de volaille
Cinq gousses d'ail
Un piment rouge
Deux cuillerées à soupe de vinaigre de vin rouge
Un verre de vin rouge
Une noix de beurre
Un bon filet d'huile d'olive

On dispose le lièvre coupé en morceaux (sauf le foie qu'on réserve pour la sauce) dans un plat à gratin. On le badigeonne de beurre, on l'arrose d'huile d'olive, on l'assaisonne de sel et de poivre p on l'enfourne à 180°c pendant une heure et dem en l'arrosant régulièrement avec son jus de cuisson et en retournant les morceaux.

Dans une poêle, avec un feu d'huile d'olive, on fait saisir le foie coupé en morceaux puis on le réserve sur une assiette. On fait ensuite suer les oignons émincés, on ajoute le piment haché, les gou d'ail écrasées et la mie de pain émiettée. On mouille avec le bouillon de volaille, le vinaigre et le vin rouge et on laisse mijoter une dizaine de minutes. On retire les morceaux de lièvre du plat à gratin, on les réserve au chaud et l'on déglace le plat avec un peu d'eau. On récupère le jus que l'on incorpore au saupiquet (qui signifie sauce piquante) puis on incorpore le foie haché à la moulinette. On laisse chauffer mais surtout pas bouillir cette sauce, puis on nappe le lièvre avant de le servir avec des pommes vapeur ou une poêlée de champignons.

Soupe au Laguiole

500 g de fromage de Laguiole
Quatre oignons
Un petit chou vert
1 l de bouillon de volaille
Un morceau de pain de campagne rassis
Une cuillerée à soupe de sucre
Une noix de saindoux

Dans une sauteuse avec le saindoux, on fait suer les oignons émincés avec le sucre - On verse deux louches de bouillon de volaille puis on laisse mijoter une trentaine de minutes à feu doux. On prélève une quinzaine de belles feuilles de chou, on les fait blanchir et on les égoutte. On taille une dizaine de fines tranches de pain rassis et des tranches fines de fromage de Laguiole. Dans une cocotte en fonte, on dispose une couche de fines tranches de pain, des lamelles de fromage et des feuilles de chou. On arrose de bouillon puis on recommence en étalant une autre couche de pain, de fromage et de feuilles de chou. On arrose de bouillon, on referme le couvercle et l'on enfourne une heure à 180°C. La soupe au Laguiole est prête quand le bouillon est pratiquement absorbé. On remue alors énergiquement avec une cuillère en bois pour lier tous les ingrédients et l'on sert aussitôt.

Astet najacois

1,5 kg de rôti de porc
200 g de poitrine demi-sel
Une botte de persil plat
Cinq gousses d'ail
Une noix de saindoux

On retire les couennes de la poitrine de porc, on hache la viande avec une grille fine, on la mélange avec le persil finement ciselé et l'ail haché. On pratique quelques incisions dans le rôti de porc, on les farcit avec la préparation précédente puis on réserve le rôti une nuit au frais pour que les chairs s'imprègnent bien du parfum de la farce. On badigeonne le rôti de saindoux, on assaisonne de sel et de poivre puis on enfourne le rôti trois quarts d'heure à 180°c. L'Astet najacois se déguste aussi bien chaud que froid.

Les grives à l'ail toutes simples de Marinette

Quatre grives prêtes à cuire
Une dizaine de gousses d'ail
Une cuillerée à soupe de farine
Un verre de vin doux de Marcillac
Quatre fines tranches de pain de seigle
Une noix de graisse d'oie

On ficelle les grives, on les fait colorer dans une poêle avec la graisse d'oie et les gousses d'ail épluchées et entières. On retire ensuite la graisse de la poêle, on la réserve dans une tasse et l'on saupoudre les grives et l'ail de farine. On verse le vin de Marcillac on assaisonne de sel et de poivre et on laisse mijoter à feu très doux pendant une trentaine de minutes.

Dans une autre poêle, avec la graisse d'oie réservée on fait griller légèrement les tranches de pain de seigle.

On les dépose sur un plat, on récupère l'ail qui cuit avec les grives, on le tartine sur le pain, on dépose les grives et l'on nappe du jus de cuisson.

La poêlée de piboulades

500 g de piboulades
Deux gousses d'ail
Deux oignons verts
Quelques brins de persil plat
50 g de lardons

Les piboulades sont des champignons qu'on cueille au pied des peupliers. Ce champignon délicat répond au nom savant de pholiote du peuplier. On repère les amateurs de piboulades qui partent à la cueillette juste après les pluies de fin d'été. On nettoie délicatement les champignons, on fait suer les lardons dans une poêle, on ajoute les oignons verts émincés puis les champignons.

Quand ils ont rendu leur eau et commencent à colorer, on ajoute les gousses d'ail hachées et le persil plat ciselé. On rectifie l'assaisonnement et l'on sert aussitôt.

Coufidou

2 kg de macreuse de bœuf
Six tranches de couenne
Quatre carottes
Un gros oignon
Deux gousses d'ail
Un bouquet garni
Un demi litre de vin rouge
Quelques grains de poivre entiers

Dans une cocotte en fonte, on étale une couche de tranches de couenne. On coupe la macreuse en gros cubes, on les dépose dans la casserole, on ajoute les

carottes taillées en mirepoix comme l'oignon.
On incorpore aussi les gousses d'ail émincées, le
bouquet garni , les grains de poivre entiers , un peu
de sel et l'on arrose de vin rouge. On mouille à
hauteur en ajoutant de l'eau et on laisse mijoter à
couvert deux bonnes heures.
  On sert le confidou avec des pommes de terre cuites
à la vapeur.

Pâté de cèpes
au jambon de Najac

Une pâte brisée
1 kg de cèpes
Dix tranches de jambon de Najac
Un petit oignon
Deux gousses d'ail
Un verre de bouillon de volaille
Une cuillerée à soupe de farine

  On nettoie soigneusement les cèpes en grattant
les pieds terreux avec la pointe d'un couteau et en

les passant rapidement sous l'eau du robinet sans les faire tremper. On les essuie puis on les fait saisir dans une poêle à sec pour leur faire rejeter leur eau. On prépare la farce en hachant les queues des cèpes et deux tranches de jambon de Najac coupées en lanières. On fait fondre deux autres tranches de jambon finement ciselées dans une poêle, on ajoute l'oignon et l'ail finement hachés. On mélange ensuite le hachis de cèpes et l'on saupoudre de farine. On verse le bouillon de volaille et on laisse mijoter à feu doux jusqu'à complète évaporation du bouillon. On fait saisir les têtes de cèpes à sec pendant quelques minutes pour les colorer et faire évaporer un peu leur humidité. On dispose dans le fond d'une terrine le reste des tranches de jambon de Najac, on étale la moitié de la pâte, puis une couche de farce et enfin une couche de têtes de cèpes. On renouvelle l'opération. On recouvre avec le reste de la pâte brisée étalée finement. On réalise une petite cheminée en papier de cuisson pour que l'humidité s'évacue parfaitement lors de la cuisson.

On enfourne environ trois quarts d'heure à 180°C.

On déguste le pâté de cèpes tiède, avec un assortiment de salades rustiques.

Gimbelettes

1 kg de farine
Douze œufs
400 g de crème fraîche épaisse
80 g de beurre
Une cuillerée à soupe d'eau de fleurs d'oranger
Une pincée de fleur de sel
Deux cuillerées à soupe de sucre
Un citron
Deux paquets de levure chimique
Un œuf pour la dorure
Deux cuillerées à soupe de sucre cassonade

∽∾

La Naine et la Gimbelette sont deux spécialités qu'on déguste à Carême. On les prépare avec la même pâte mais la forme diffère ; la Naine est une sorte de petit pain long, tandis que la Gimbelette est un pain rond, troué au milieu.
Dans un saladier, on bat les œufs en omelette, on ajoute la fleur de sel, le beurre fondu, le sucre, les zestes de citron, l'eau de fleurs d'oranger, la crème et enfin peu à peu, la farine et la levure. On bat énergiquement et on laisse reposer cette pâte qui doit avoir la consistance d'une brioche. On étale la pâte sur cinq centimètres d'épaisseur, on découpe des r

avec un cercle à pâtisserie puis on fait un trou au centre avec le doigt (cela ressemble à une bouée) et l'on plonge les gimbelettes dans de l'eau frémissante. On retire les gimbelettes de l'eau, on les égoutte puis on les dore avec du jaune d'oeuf battu.

On les saupoudre de sucre cassonade et l'on enfourne une vingtaine de minutes à 180°C.

Galettes de pommes de terre au Laguiole

1 kg de pommes de terre
300 g de fromage de Laguiole doux
Une grosse de noix de beurre

On épluche les pommes de terre, on les taille en lamelles fines et on les fait cuire une quinzaine de minutes à la vapeur. Dans un plat à tarte légèrement beurré, on étale une couche de pommes de terre en rosace. On recouvre de lamelles de fromage, puis de lamelles de pommes de terre. On arrose de beurre fondu et l'on monte une nouvelle couche de fromage et de pommes de terre.

On termine par une couche de pommes de terre et l'on enfourne une quinzaine de minutes à 180°C.
On démoule la galette croustillante au Laguiole et on la sert avec une salade verte.

Soupe à l'oseille

Une brassée généreuse d'oseille
Une grosse pomme de terre
Une noisette de beurre
Un jaune d'œuf
Quatre tranches de pain

On rince les feuilles d'oseille, on les équeute puis on les fait fondre avec le beurre dans une cocotte à feu doux pendant cinq minutes, le temps que les feuilles ramolissent. On ajoute la pomme de terre pelée et découpée en petits dés, puis on mouille avec un litre d'eau. On assaisonne de sel et de poivre puis on laisse cuire à couvert, à feu doux pendant une vingtaine de minutes.
On mixe la soupe puis on la fait réchauffer. On incorpore hors du feu le jaune d'œuf et l'on sert la soupe d'oseille avec les tranches de pain grillé.

Petits soufflés au roquefort

150 g de roquefort
Deux cuillérées à soupe de crème fraîche épaisse
Trois œufs
Une noix de beurre

On sort le roquefort du réfrigérateur une heure
avant de le travailler pour qu'il soit bien
moelleux. Avec un fouet électrique, on mélange
le roquefort, la crème fraîche et les œufs entiers
jusqu'à ce que cette préparation soit bien onctueuse.
On assaisonne de poivre. On graisse quatre ramequins de beurre. On verse la préparation dans les
ramequins et on les dépose dans un plat à gratin
avec un peu d'eau chaude.

On enfourne les ramequins au bain-marie à
180°C pendant une trentaine de minutes.

On sert les soufflés avec une salade d'endives
aux noix.

Alouettes sans tête et pommes de terre au Tustet

1 kg de couenne de cochon taillée en tranches
Cinq gousses d'ail
Deux oignons
Une botte de persil plat
200 g de lardons fumés
Une louche de concassé de tomates
Un filet d'huile d'olive
Un verre de vin blanc
Pour les pommes de terre :
1 kg de pommes de terre
Une noix de graisse d'oie
Quelques brins de persil
Trois gousses d'ail

❦

Dans une sauteuse, on fait revenir avec l'huile d'olive les lardons, l'ail haché et l'oignon coupé en mirepoix. On ajoute ensuite le concassé de tomates, on laisse réduire, on parsème de persil ciselé et l'on assaisonne de sel et de poivre. On dispose deux tranches de couenne en forme de croix, on dépose un peu de farce et l'on referme les couennes pour former une paupiette qu'on attache avec de la ficelle à rôti

On façonne de la même façon les autres "alouettes sans tête". On les dispose ensuite dans une cocotte avec un peu d'huile d'olive, on les fait colorer puis on les arrose de vin blanc et on les fait mijoter à couvert et à feu doux pendant trois quarts d'heure. Dans une sauteuse, on fait colorer avec la graisse d'oie les pommes de terre épluchées et taillées en rondelles. On assaisonne de sel et de poivre et on laisse cuire à feu très doux – c'est le secret – pendant une bonne demi-heure. On parsème de persil et d'ail hachés avant de servir avec les alouettes sans tête.

Le farsou

200 g de jambon à l'os
200 g de lardons
Trois œufs
Deux cuillerées à soupe de farine
Un verre de lait
Une dizaine de pruneaux dénoyautés
Un verre de Marcillac
Une poignée de feuilles de blettes
Quelques brins de persil
Un oignon

10 g de levure de boulanger
Une noix de graisse d'oie

～・～

On fait tiédir le Marcillac et l'on y plonge les
pruneaux pour les faire gonfler. On hache avec la
grille fine le jambon à l'os et les lardons. Dans
un saladier, on mélange les viandes hachées, les
feuilles de blettes, le persil et l'oignon hachés, le
lait, la levure, la farine et les œufs. On mélange
longuement pour bien amalgamer les ingrédients et l'on
assaisonne de sel et de poivre. Enfin, on incorpore
les pruneaux. On badigeonne un plat à gratin
de graisse d'oie puis on verse la préparation précédente. On enfourne trois quarts d'heure à 180°C.
Le farsou doit avoir la consistance d'un clafoutis.

Les échaudés de Sylviane

1 kg de farine
100 g de sucre
Une pincée de fleur de sel
Quatre œufs
Une cuillée à soupe de graines d'anis
Deux cuillerées à soupe d'huile d'olive

Une noix de beurre
Une cuillerée à soupe de sucre cassonade

On fait torréfier à sec les graines d'anis dans une poêle. Dans un saladier, on mélange la farine, le sucre, les graines d'anis, les oeufs un à un et l'huile d'olive. On pétrit la pâte et on la laisse reposer une heure au frais. On étale ensuite la pâte sur un centimètre d'épaisseur. On taille des disques de pâte avec un verre à moutarde. On plie ces disques en forme de pyramide. On fait chauffer une grande quantité d'eau et l'on plonge les échaudés dans l'eau frémissante. On les retire dès qu'ils remontent à la surface, on les égoutte et on les dispose sur une plaque à pâtisserie beurrée. On enfourne les échaudés une trentaine de minutes à 180°c. On saupoudre de sucre cassonade dès la sortie du four et l'on déguste aussitôt.

Gratinée au roquefort

Trois oignons
150 g de Roquefort
50 g de comté râpé
Quatre tranches de pain grillé
Une noix de graisse d'oie

Dans une cocotte, avec la graisse d'oie, on fait suer les oignons finement émincés. Quand ils sont translucides, on les recouvre d'eau puis on assaisonne de sel et de poivre. On laisse mijoter un quart d'heure puis on dresse les tranches de pain grillé dans des poêlons en terre, on les recouvre de soupe à l'oignon. On délaye le roquefort avec une louche de bouillon et l'on répartit dans les quatre poêlons. On parsème ensuite de comté râpé et l'on enfourne une dizaine de minutes à 200°C jusqu'à ce que les soupes soient bien gratinées.

La pascade

150 g de farine
Deux œufs
Une tasse de lait
Un oignon
Un bouquet d'estragon
150 g de lardons
Une poignée de feuilles de blettes
Une noisette de saindoux

On prépare une sorte de pâte à crêpe en mélangeant énergiquement la farine, les œufs et le lait.

On assaisonne de sel et de poivre et on laisse reposer une heure à température ambiante. Dans une poêle à bords hauts, on fait suer l'oignon émincé avec le saindoux. On ajoute les lardons, l'estragon ciselé et les feuilles de blettes hachées. On verse la pâte, on laisse cuire trois à quatre minutes puis on retourne la pascade et on la cuit sur l'autre face.

Rôti en crépine

800 g de filet de porc
Six tranches de poitrine fraîche
Une dizaine de pruneaux
Quelques feuilles de sauge
Un verre d'Armagnac
Trois gousses d'ail
Une noix de graisse d'oie
100 g de crépine
Un verre de vin blanc

On fait tiédir l'Armagnac et l'on plonge les pruneaux une heure à couvert pour qu'ils se gorgent d'alcool. On hache l'ail et deux feuilles de sauge. On étale le filet de porc sur le plan

24

de travail, on incise pour l'émincer en deux. On étale l'ail et la sauge hachés, les pruneaux et l'on assaisonne de sel et de poivre. On roule le filet en rôti, on l'entoure de tranches de poitrine fraîche, on dépose quelques feuilles de sauge et l'on enveloppe le rôti de deux couches de crépine. On réserve le rôti toute une nuit au réfrigérateur. On le fait colorer dans une cocotte avec la graisse d'oie. On arrose de vin blanc et on laisse mijoter à couvert et à feu très doux pendant une heure.

Trénels millavois

2 kg de panse d'agneau
Un os de veau
Trois gousses d'ail
300 g de jambon cru
200 g de couenne de porc
Deux carottes
Une branche de céleri
Quelques brins de thym
Une feuille de laurier
Quelques grains de poivre
Un verre de vin blanc

Les trénels sont une spécialité gastronomique de Millau qui ressemble, d'aspect seulement, aux tripoux, car la recette est différente. On coupe des gros carrés de panse. Au centre de chaque carré, on met un peu d'ail haché, des petits dés de carottes et de céleri, du jambon cru haché, deux grains de poivre et quelques sommités de thym.

On replie chaque morceau de panse, on façonne un petit paquet qu'on ficelle. On tapisse une cocotte de couenne de porc, on dépose les trénels et on les arrose avec les de veau de vin et d'eau à hauteur. On assaisonne de sel, de laurier, du reste de thym et de grains de poivre. On couvre et on laisse mijoter à feu doux trois heures. Le plat est encore meilleur quand il est réchauffé.

La fouace
à la façon de Jeanne

500 g de farine
200 g de beurre
100 g de sucre
Une pincée de fleur de sel
Deux œufs
20 g de levure de boulanger

Une tasse de lait
100g de zestes d'oranges confites
Un œuf pour la dorure
    ^ jaune d'

On commence par délayer la levure dans le lait tiédi. Dans un saladier, on mélange la farine, les œufs, le sucre, la fleur de sel et la levure. On incorpore ensuite le beurre ramolli sans cesser de pétrir. On laisse reposer la pâte une heure dans un endroit tempéré. On façonne une couronne de pâte qu'on dore avec le jaune d'œuf battu. On parsème de zestes d'oranges sur toute la surface de la couronne puis on enfourne une trentaine de minutes à 180°C.

Chou farci à l'aveyronnaise

Un beau chou frisé
300g de viande de bœuf hachée
200g de viande de veau hachée
Une poignée de mie de pain
Deux œufs entiers
Une poignée de feuilles de bettes
Trois gousses d'ail
Un petit bouquet de persil

Un oignon
Deux carottes
Un verre de vin blanc

On retire les premières feuilles du chou, puis on le fait blanchir pendant une dizaine de minutes dans de l'eau bouillante salée. Dans un saladier, on mélange les viandes hachées, la mie de pain, les œufs, les feuilles de bettes hachées, l'ail haché, le persil ciselé, l'oignon haché puis on ajoute du sel et du poivre. On mélange bien la farce puis on la met dans le cœur du chou légèrement ouvert. On recouvre avec les feuilles de chou. On ficelle et l'on dépose le chou farci dans une cocotte sur un lit de carottes coupées en rondelles. On ajoute un verre de vin blanc, on couvre et l'on cuit le chou une heure à feu doux.

Pâté de foie de porc

1 kg de foie de porc
750 g de panne fraîche
Un clou de girofle
Une pincée de noix de muscade

Une cuillerée à soupe de farine de châtaigne.
Un oeuf

∾∾

On commence par hacher avec une grosse grille la moitié de la panne fraîche avec le foie de porc. On assaisonne cette farce de girofle écrasée, de noix de muscade, de sel et de poivre. On mélange bien les ingrédients avec la farine de châtaigne et l'oeuf. On chemise une terrine avec le reste de la panne puis on verse la farce au foie de porc. On met le couvercle de la terrine puis on enfourne au bain marie pendant deux heures à 120°C. On laisse refroidir au moins une nuit avant de servir sur de bonnes tranches de pain de campagne.

Mourtayrol rouergat

Un talon de jambon avec l'os
1 kg de plat de côtes de boeuf
Une poule
Un petit chou vert
Quatre carottes
Trois poireaux
Quatre navets ronds

Deux gros oignons
Trois clous de girofle
Quatre tranches de pain de seigle
Une pincée de safran
Quelques brins de thym
Une feuille de laurier
Une petite poignée de gros sel
Quelques grains de poivre entiers

～⧜～

Dans une grande marmite, on plonge le talon de jambon dans de l'eau froide avec le thym et le laurier. On porte à ébullition puis on ajoute le plat de côtes et on laisse cuire une heure en écumant régulièrement.

On incorpore ensuite la poule et on laisse mijoter une demi-heure avant d'ajouter le chou coupé en quatre et préalablement blanchi, les carottes coupées en tronçons, les poireaux ficelés en petits paquets, les navets coupés en deux, les oignons piqués de clous de girofle. On assaisonne avec le gros sel et les grains de poivre écrasés avec le plat du couteau. On laisse frémir à petits bouillons pendant une heure. On dispose les tranches de pain de seigle dans un plat à gratin, on prélève deux louches de bouillon de cuisson et on les mélange au safran dans un bol. On arrose les tranches de pain avec ce bouillon safrané et l'on enfourne le plat une vingtaine de minutes à 180°C. Ceci constitue la mise en appétit du cérémonial du mourtayrol rouergat, les viandes et les légumes arrivent ensuite majestueusement dressés dans un grand plat.

Poêlée d'oreillettes

300 g d'oreillettes
Deux poignées de croûtons de pain rassis
Une noix de saindoux
Trois échalotes
Deux gousses d'ail
Quelques brins de persil

Dans les environs de Sainte-Afrique, on découvre l'oreillette, ce champignon foncé qui pousse au ras du sol. Nombre d'amateurs de ce champignon rare apprécient sa saveur délicate. Pour éliminer la terre des alvéoles, on utilise un pinceau. On évite de le passer sous l'eau pour ne pas gorger l'oreillette d'eau. Dans une poêle on fait suer les échalotes avec le saindoux, on ajoute les oreillettes et on les cuit à feu vif. On assaisonne de sel et de poivre, puis on incorpore les gousses d'ail hachées, les croûtons et le persil ciselé. La poêlée d'oreillettes accompagne un rôti ou une volaille.

Aligot

1 kg de pommes de terre bintjes
400 g de tome fraîche
200 g de crème fraîche épaisse
Deux gousses d'ail

On surnomme l'aligot le "ruban de l'amitié"
tant ce plat est signe de convivialité. On épluche les
pommes de terre et les gousses d'ail. On cuit les pommes
de terre coupées en gros morceaux dans une grande
casserole d'eau bouillante salée. On passe les pommes
de terre et les gousses d'ail au presse-purée, on ajoute
une louche de bouillon de cuisson pour obtenir une
purée bien souple. On ajoute ensuite la crème fraîche
et la tome coupée en fines lamelles en remuant
énergiquement.

Quand l'aligot forme "le ruban", il est
temps de passer à table.

Flaune

300 g de pâte brisée
Trois œufs
200g de sucre en poudre
Une pincée de fleur de sel
50 g de farine
400 g de crème fraîche épaisse
Une cuillerée à soupe d'eau de fleurs d'oranger
Quelques zestes d'oranges confites dans un sirop de
sucre
Une noix de beurre

◦§◦

   On étale la pâte brisée, on la dispose dans un
moule à bords hauts, on la pique avec la fourchette
et l'on réserve le moule chemisé de pâte au
réfrigérateur pendant au moins une heure. Dans un
saladier, on fait blanchir les œufs avec le sucre,
on ajoute la fleur de sel, la farine en pluie très
doucement, la crème épaisse et l'eau de fleurs d'oranger. On verse cette préparation dans le moule beurré, on
enfourne une trentaine de minutes à 180°C et l'on
sert la flaune parsemée de zestes d'oranges conf.

Daube de sanglier

1,5 kg de cuisses de sanglier
300 g de lard
Une bouteille de vin rouge
Deux carottes
Une branche de céleri
Une dizaine de grains de poivre
Deux poignées de croûtons
Une cuillerée à soupe de farine
Une noix de saindoux

On coupe la viande de sanglier en gros cubes et on la fait mariner deux jours dans le vin rouge avec les grains de poivre. Dans une cocotte, avec le saindoux, on fait colorer les cubes de sanglier soigneusement égouttés. On ajoute le lard coupé en gros morceaux, le céleri et les carottes coupés en cubes et l'on saupoudre de farine. On verse le vin de la marinade, on mouille à hauteur avec de l'eau et l'on assaisonne de sel. On laisse mijoter deux heures à feu doux. On parsème la daube de sanglier de croûtons juste avant de la servir.

Tarte aux rillettes d'oie

250 g de pâte brisée
300 g de rillettes d'oie
Trois pommes de terre
Deux oignons
Une grosse cuillerée de crème fraîche
Quelques brins de persil
Une noix de saindoux

Dans une sauteuse, on fait confire doucement avec le saindoux les pommes de terre épluchées et taillées en lamelles avec les oignons émincés.
On étale la pâte dans un moule à tarte, on recouvre de pommes de terre aux oignons. On émiette les rillettes d'oie sur toute la surface de la tarte, on saupoudre de persil haché.
On étale la crème épaisse et l'on enfourne une trentaine de minutes à 180°c.

Gâteau de pommes aux noix

Quatre pommes
100 g de noix
150 g de beurre
300 g de sucre
Une noix de beurre pour graisser le moule
300 g de farine
Trois œufs + deux jaunes
Une tasse de lait

Dans un saladier, on mélange 200 g de sucre,
la farine puis les trois œufs un à un, et enfin le lait.
On verse la pâte dans un moule à bords hauts,
généreusement beurré. On épluche les pommes, on les
coupe en lamelles et on les dépose dans la pâte.
On enfourne une trentaine de minutes à 180°C.
Pendant ce temps, on fait fondre le beurre, on
incorpore les noix hachées et le reste du sucre.
Hors du feu, on incorpore les jaunes d'œufs.
On mélange énergiquement et l'on verse cette préparation
sur le gâteau aux pommes qu'on enfourne encore
une dizaine de minutes à la même température.

Estofinado

2 kg de stockfish
Six pommes de terre
Quelques brins de persil
Six gousses d'ail
Six œufs
Un filet d'huile de noix
300 g de crème fraîche

Les uns affirment que le stockfish aurait été introduit dans l'Aveyron par les soldats du Rouergue qui revenaient de campagne de Hollande sous Louis XIV. Les autres soutiennent que ce sont le Gallois, venus dans la région de Decazeville au moment de l'exploitation du bassin houiller, qui apportèrent cette tradition du Nord. Le stockfish et bien installé dans les foyers aveyronnais. Son nom Estofinado, provient du mot occitan estofi qui signifie "séché et dur". On coupe le stockfish en six tronçons, qu'on fait dessaler pendant deux jo en changeant régulièrement l'eau. On porte de l'ea à ébullition, on plonge les tronçons de stockfish. On fait frémir un quart d'heure, on les égoutte et l: détache les lamelles de poison. On fait cuire les pommes de terre dans l'eau de cuisson du stockfi on les égoutte et on les écrase à la fourchette. On les dispose dans un bain-marie pour les maintenir au chaud. On incorpore le persil et les gousses d'ail hachés dans les pommes de terre. On incorpore le stockfisch aux pommes de terre puis on ajoute trois œufs cuits durs et coupés en rondelles. On verse ensuite sur ce mélange un œuf battu et un peu d'huile de noix, on mélange bien. On incorpore encore un œuf battu et un peu d'huile de noix et enfin le dernier œuf battu et de l'huile de noix. On termine l'estofinado en ajoutant la crème fraîche et l'on rectifie l'assaisonnement surtout en poivre.

Cailles à l'Armagnac pour les grandes occasions

Quatre cailles
Une poignée de petits sarments de vigne
Huit beaux cèpes
100 g de jambon de Najac
Un verre d'Armagnac
Une noisette de graisse d'oie

Dans une cocotte, on fait saisir les cailles vidées et flambées dans la graisse d'oie avec les fines tiges de sarments de vigne, pour apporter un goût inimitable à cette recette. On ajoute le jambon de Najac coupé en lanières, on arrose d'Armagnac puis on flambe. On assaisonne de sel et de poivre puis on couvre la cocotte et on laisse mijoter une dizaine de minutes. Pendant ce temps, on fait sauter les cèpes soigneusement nettoyés dans une poêle avec un peu de graisse d'oie, on les assaisonne et on les incorpore dans la cocotte.

Le gigot de cabri à l'oseille

Un gigot de cabri
Une grosse poignée d'oseille
Quatre pommes de terre
Un verre de vin blanc
Deux têtes d'ail
Un filet d'huile d'olive

Dans une poêle, avec un peu d'huile d'olive, on fait saisir les feuilles d'oseille quelques instants. On les égoutte et l'on farcit le gigot de cabri désossé. On fait saisir le gigot de cabri dans une cocotte avec le reste de l'huile d'olive, on l'assaisonne de sel et de poivre et on le déglace avec le vin blanc. On parsème de gousses d'ail en chemise et de pommes de terre coupées en deux.

On couvre et l'on enfourne une heure à 180°C.

Croquettes de cèpes

500 g de cèpes séchés
1 kg de pommes de terre
Une gousse d'ail
Un bouquet de ciboulette
Deux œufs
Une noix de graisse d'oie
Un bon filet d'huile d'arachide

On épluche les pommes de terre, on les fait cuire dans l'eau salée puis on les passe au presse-purée. On fait tremper les cèpes séchés dans de l'eau tiède pendant une demi-heure, on les égoutte puis on les hache finement et on les fait sauter avec un peu de graisse d'oie. On parsème d'ail haché et de ciboulette ciselée. On mélange ce hachis de cèpes à la purée

de pommes de terre et aux oeufs, puis on façonne de petites boulettes de la taille d'une noix.
On fait chauffer de l'huile d'arachide et l'on fait dorer les croquettes de cèpes, en les remuant sans cesse pour les cuire uniformément. On sert les croquettes avec une bonne salade.

La truffade

Six pommes de terre
300 g de tome fraîche
150 g de lard
Deux oignons
Une noix de graisse d'oie

On fait cuire les pommes de terre sans les éplucher dans de l'eau bouillante. On les épluche ensuite, on les coupe en épaisses lamelles, puis on les fait dorer avec le lard ~~coupé~~ et les oignons émincés dans la sauteuse avec la graisse d'oie.
On parsème ensuite de fines lamelles de tome et on laisse mijoter le temps que le fromage fonde complètement.

Truites au lard

Quatre truites
Huit tranches de poitrine fraîche
Une cuillerée à soupe de farine
Trois gousses d'ail
Un petit bouquet de persil plat
Un filet d'huile d'olive

On vide les truites, on découpe les nageoires avec
des ciseaux, on les rince et on les sèche sur du
papier absorbant. On les saupoudre de farine, on
les fait saisir dans un filet d'huile d'olive puis
on les enveloppe de poitrine fraîche. On les dépose dans
un plat à gratin et on les parsème d'ail émincé.
On les enfourne une dizaine de minutes à 200°C
avant de les servir avec du persil ciselé.

Tripoux aveyronnais

4 kg de fraise de veau
Deux peaux de veau taillées comme des escalopes
Pour la farce :
500 g de lard haché
250 g de persil et fines herbes ciselés
Quatre oignons
Cinq gousses d'ail
Un peu de muscade
Pour le bouillon de cuisson :
Une tranche de lard maigre
Un bouquet garni
Un oignon clouté de girofle
50 cl de bouillon
Un verre de vin blanc
Un petit verre d'eau-de-vie
200 g de pâte à pain

Au début du XXe siècle, les tripoux étaient confectionnés dans toutes les fermes du Rouergue et on les dégustait traditionnellement le dimanche matin, avant le départ pour la messe. On commence par faire blanchir dix minutes la fraise de veau puis on l'égoutte avant de la hacher grossièrement. On prépare une farce avec le lard haché, le persil et les fines herbes ciselés, les oignons hachés et les gousses d'ail pilées. On mélange bien tous ces ingrédients avec la fraise de veau puis on assaisonne de sel, de poivre et de noix de muscade. On étale les deux poches de veau et l'on répartit la farce dans les deux poches avant de refermer les tripoux et de les coudre avec de la ficelle à rôti. Dans une cocotte, on fait suer la tranche de lard maigre, le bouquet garni, l'oignon clouté puis on pose les tripoux par-dessus. On recouvre à hauteur de bouillon, on ajoute le verre de vin blanc et l'eau-de-vie. On scelle le couvercle de la cocotte avec un peu de pâte à pain et l'on enfourne au moins quatre heures à 150°C.

La tarte aux myrtilles du dimanche

250 g de pâte brisée
Six biscottes
700 g de myrtilles
Quatre cuillerées à soupe de sucre semoule
100 g de gelée de groseilles

C'est la tarte qu'on confectionne au retour de la promenade dominicale qui a permis de cueillir les myrtilles. On rince rapidement sous un filet d'eau fraîche les myrtilles disposées dans une passoire. On les laisse égoutter longuement. Pendant ce temps, on étale la pâte brisée dans un moule à tarte. On saupoudre le fond de tarte de biscottes finement écrasées en chapelure afin que celle-ci absorbe le jus rejeté pendant la cuisson des myrtilles. On étale les myrtilles puis on enfourne pendant une trentaine de minutes à 180°C. Dès qu'on sort la tarte aux myrtilles du four, on la saupoudre de sucre.

On délaie la gelée de groseilles avec un peu d'eau et l'on nappe la tarte aux myrtilles de ce glaçage. On patiente jusqu'à ce que la tarte aux myrtilles soit bien froide pour la dégustation.

Piquant aux pommes

500g de farine
10g de levure de boulanger
Une pincée de sel
Cinq pommes
Un jaune d'œuf pour dorer

On verse la farine et le sel dans un saladier, on fait une fontaine au centre pour mettre la levure délayée avec trois cuillerées à soupe d'eau tiède. On ajoute encore un peu d'eau tiède tout en pétrissant, jusqu'à obtention d'une pâte lisse et un peu molle. On la laisse lever toute la nuit dans un endroit tempéré. Le lendemain, on la pétrit à nouveau, on la dispose dans un grand plat à gratin et on la "pique" de quartiers de pommes épluchées. On la laisse lever pendant deux heures dans un endroit tiède.

Avec un pinceau, on la dore au jaune d'œuf battu, puis on l'enfourne à 160°C pendant une heure.

Soupe rustique aux marrons

Une trentaine de marrons
Deux brins de fenouil sauvage
Un litre de lait
Une poignée de croûtons
Quelques lamelles de jambon cru

On pratique une petite incision sur la peau des marrons puis on les plonge cinq minutes dans l'eau bouillante salée. On les égoutte, on les épluche et on les coupe en deux avant de les faire cuire dans deux litres d'eau légèrement salée et parfumée avec les brins de fenouil. Quand les marrons sont bien moelleux, on les passe au presse-purée et on délaye la purée avec le lait bouillant. On sert la soupe aux marrons avec les croûtons poêlés avec les lamelles de jambon cru

Carré de porc aux pommes

1 kg de carré de porc
Six pommes
Un citron
Une grosse noix de beurre
Une cuillerée à soupe de sucre cassonade
Un grand verre de vin blanc Marcillac

On graisse un plat à four avec un peu de beurre, on dépose le carré de porc bien badigeonné de beurre, on l'assaisonne et on l'enfourne à 180°C pendant trois quarts d'heure en retournant la viande pour qu'elle colore et cuise uniformément.

On pèle les pommes, on les coupe en six morceaux, on retire les pépins, on arrose de jus de citron avant de les mettre dans un plat beurré. On les saupoudre de sucre cassonade et de petits morceaux de beurre. On enfourne les pommes pendant dix minutes à côté de la viande. Quand la viande est cuite, on l'enveloppe dans du papier d'aluminium et on la laisse reposer jusqu'au moment de la trancher : cette technique permet de servir une viande très juteuse. On verse le jus de cuisson du carré de porc dans une petite casserole, on le fait réduire avec le Marcillac pour obtenir un jus très aromatique.

Au moment de passer à table, on tranche le carré de porc, on le sert avec des pommes et l'on nappe le tout généreusement de jus au Marcillac.

Le ratafia de Tatie Suzette

Trois litres de moût de vin
Un litre d'eau-de-vie de prunes
Deux bâtons de cannelle

❧

Lors des vendanges, on se procure du moût de vin auprès du vigneron. On le mélange avec de l'eau-de-vie

et l'on incorpore les bâtons de cannelle. Le secret est
de patienter le plus longtemps possible pour commencer
à déguster le ratafia.

Ragoût de lapin aux cèpes

Un petit lapin
Six beaux cèpes
Une douzaine d'oignons grelots
Une cuillerée à soupe de farine
Un grand verre de vin blanc
Un bouquet garni
Deux œufs (jaunes d')
Un petit pot de crème fraîche
Quelques brins de persil
Quelques croûtons frits
Une noix de beurre

On découpe le lapin en morceaux comme pour
un civet. On fait suer les oignons dans une noisette
de beurre sans trop de coloration. On ajoute les morceaux
de lapin qu'on assaisonne et l'on fait mijoter lentement
en remuant régulièrement jusqu'à ce que les morceaux
aient pris une belle couleur dorée. On saupoudre

de farine, on mélange avant de mouiller avec le vin blanc et un verre d'eau. On incorpore le bouquet garni, on porte à ébullition et on laisse cuire à couvert une vingtaine de minutes. À part, dans une poêle avec une noisette de beurre, on fait sauter les cèpes émincés et assaisonnés. On les incorpore dans le ragoût. Dans un bol, on bat les jaunes d'œufs, la crème fraîche épaisse et une noisette de beurre ramolli. On incorpore cette péparation dans la cocotte, on saupoudre de persil haché et de croûtons frits.

Tournedos de bœuf de l'Aubrac aux cèpes

Quatre tournedos
Quatre beaux cèpes
Deux échalotes
Deux gousses d'ail
Quelques brins de persil
Un verre de jus de viande
Une noix de saindoux

On sort les tournedos du réfrigérateur une heure avant de les cuisiner et on les laisse reposer dans un endroit tempéré. Dans une poêle, avec un peu de saindoux, on fait sauter les cèpes émincés et assaisonnés. On les réserve sur une assiette.

Dans la même ~~saindoux~~ poêle, avec un petit peu de saindoux, on fait saisir les tournedos assaisonnés. On les réserve sur une assiette et l'on fait suer pendant ce temps les échalotes et les gousses d'ail hachées dans une noisette de saindoux durant une minute. On incorpore le jus de viande et l'on rem les cèpes et les tournedos pour les faire réchauffer. On parsème de persil haché avant de servir cette recette toute simple et délicieusement appétissante.

Grenadins de veau du Ségala au roquefort

800 g de filet de veau du Ségala
150 g de roquefort
Deux cuillerées à soupe de chapelure
Une noix de beurre

On mélange à la fourchette la chapelure et le roquefort. On taille le filet de veau en quatre tronçons bien épais. Dans une cocotte, on fait colorer dans le beurre les grenadins assaisonnés. On les retourne sur toutes les faces pour une coloration uniforme, puis on les laisse mijoter cinq minutes à couvert et à feu doux. On monte ensuite la puissance du feu, on ajoute la pâte de roquefort et on laisse fondre en retournant les grenadins. On sert les grenadins de veau du Ségala au roquefort avec des pommes vapeur.

Salade de Pérail de brebis chauds

Quatre petits Pérail de brebis
Quatre pruneaux dénoyautés
Un mélange de salades
Quatre tranches de pain de seigle
Une cuillerée à soupe de moutarde
Deux cuillerées à soupe de vinaigre
Quatre cuillerées à soupe d'huile d'olive

On commence par préparer la vinaigrette. Dans un bol, on mélange la moutarde, le vinaigre et l'huile d'olive. On incorpore la vinaigrette à la salade et l'on répartit cette dernière dans quatre assiettes. On coupe les pruneaux en petits dés, on les répartit sur les tranches de pain de seigle et l'on dépose les quatre petits Pérail de Brebis. On enfourne sur une plaque à pâtisserie pendant cinq à six minutes, le temps que les fromages commencent à fondre. On dresse les tartines de seigle et de Pérail sur les salades et l'on déguste aussitôt.

Confiture de pommes à l'Armagnac

Huit pommes épluchées et épépinées
Le jus d'un citron
800 g de sucre
Un petit verre d'Armagnac

Dans une bassine à confiture, on dispose les pommes épluchées et coupées en petits cubes, on les arrose de jus de citron et de sucre puis on les cuit trois quarts d'heure à feu doux. On ajoute l'Armagnac et l'on cuit encore cinq minutes. On met la confiture en pots et on la déguste avec des beignets, ou avec des rillettes ou du boudin.

Pommes au four au boudin

Quatre pommes
200 g de boudin noir
Deux échalotes
Un oignon
Une noisette de saindoux

On coupe le chapeau et la base des quatre pommes pour qu'elles restent stables. On les vide en prenant soin de ne pas les trouer. On réserve la chair des pommes. On assaisonne l'intérieur des pommes de sel et de poivre. Dans une poêle, on fait revenir ~~à boxxx xxxx~~ avec le saindoux les échalotes et l'oignon hachés. On ajoute le boudin sans le boyau et la chair des pommes coupées en petits dés.
On laisse cuire quelques minutes. On farcit les pommes et on les enfourne une vingtaine de minutes à 180°C.

Notes

56

7

Suggestions de menus

Menu de printemps

La pascade
Truites au lard
La fouace à la façon de Jeanne
Gimbelettes

Menu d'été

Petits soufflés au roquefort
Le gigot de cabri à l'oseille

Menu d'automne

Pâté de cèpes au jambon de Najac
Cailles à l'Armagnac pour les grandes occasions
La tarte aux myrtilles du dimanche

Menu d'hiver

Pommes au four au boudin
Lièvre en saupiquet rouergat
Gâteau de pommes aux noix

Lexique

Abaisse et Abaisser:
L'abaisse c'est le nom qu'on donne à la pâte
quand elle est étendue au rouleau à pâtisserie
et abaisser c'est donc l'action d'étendre la pâte
au rouleau.

Abattis: les abattis sont composés des pattes, de la
tête, du cou, des ailerons, du foie, du gésier d'une
volaille. On s'en sert pour faire des bouillons
ou des farces.

Appareil: c'est ainsi que les professionnels
appellent une préparation faite du mélange de
plusieurs éléments (œuf, lait, beurre, farine) pour
des plats. On dit par exemple un appareil à
soufflé.

Bain-Marie: il existe deux procédés de cuisson.
Le plus courant est l'utilisation de deux
récipients de tailles différentes. Le premier
contenant la préparation à cuire, le second
plus grand contenant de l'eau que l'on place
directement sur le feu. On peut aussi cuire
une préparation au four en plaçant le plat
dans un contenant plus grand rempli d'eau.

Barder : c'est recouvrir d'une mince tranche de lard, de poitrine fumée, de jambon cru une pièce de viande, une volaille, un poisson, et la ficeler.

Beurre noisette : c'est un joli nom pour désigner le beurre cuit jusqu'à la couleur dorée "noisette" sans être bruni.

Beurre pommade : il s'agit de beurre qu'on a laissé ramollir à température et dont la texture ressemble alors à cette pommade.

Beurre manié : mélange moitié beurre, moitié farine, malaxé à la fourchette et servant à lier une sauce.

Blanchir : il s'agit de plonger dans l'eau bouillante (salée ou non selon les indications de la recette) quelques minutes, sans attendre la cuisson complète de l'aliment.

Brider : c'est un geste qui se perd mais c'est un spectacle d'assister à cette préparation chez le volailler : attacher les membres d'une volaille à l'aide d'une ficelle et d'une aiguille à brider.

Chemiser : on étale sur les parois d'un moule du beurre et de la farine (ou du sucre) ou une bande de papier sulfurisé.

Chinois : c'est une passoire métallique en forme de chapeau pointu utilisée pour filtrer les fonds de sauce. On dit alors qu'on chinoise un fond.

Déglacer : on verse une petite quantité d'eau, de vin, ou de crème dans la casserole contenant les sucs provenant d'une cuisson de viande, afin d'obtenir un jus liquide fort goûteux.

Fond : c'est un jus ou un bouillon provenant de la cuisson d'une pièce de viande ou de poisson ou confectionné à l'aide d'abats ou de parures de poisson. On l'utilise pour le mouillement d'un roux ou pour la confection d'une sauce.

Fumet : c'est une préparation liquide obtenue en faisant bouillir, dans de l'eau et du vin, des parures de volailles, de poissons ou de légumes. On les fait longuement réduire pour concentrer la saveur.

Larder : transpercer une pièce de viande à l'aide d'une aiguille à larder, afin d'y placer des morceaux de lard.

Parer : c'est le fait de retirer les graisses, les nerfs d'une pièce de viande.

Pocher : c'est cuire dans un liquide à petit bouillon.

Singer : c'est simplement le fait de saupoudrer de farine.

Tailles de légumes :

La mirepoix est un mélange de légumes (carottes oignons, céleris) taillés en très petits morceaux.

La brunoise, ce sont des petits légumes (carottes, poireaux, céleris, navets) coupés en petits dés.

La julienne est une façon de couper les légumes en fines lanières.

Direction artistique
Style & Signe, Lyon

Calligraphie
Sylvie Perrin, Lyon

Impression
Imprimerie Chirat
42540 Saint-Just-la-Pendue

Dépôt Légal
Avril 2008
ISBN : 978-2-9152 66-75-7

Editions Stéphane Bachès
15, bis rue du chariot d'or
F. 69004 Lyon
www.editionstephenebaches.com

Dans la même collection

- Cuisinière Alsacienne
- Cuisinière Antillaise
- Cuisinière Auvergnate
- Cuisinière Aveyronnaise
- Cuisinière Basque
- Cuisinière Bordelaise
- Cuisinière Bourguignonne
- Cuisinière Bretonne
- Cuisinière Catalane
- Cuisinière Cévenole
- Cuisinière Champenoise
- Cuisinière Corse
- Cuisinière Flamande
- Cuisinière Gasconne

- Carnet des Mères Lyonnaises
- Cuisinière Niçoise
- Cuisinière du Nord
- Cuisinière Normande
- Cuisinière Parisienne
- Cuisinière Périgourdine
- Cuisinière Provençale
- Cuisinière Pyrénéenne
- Cuisinière Réunionnaise
- Cuisinière Savoyarde
- Cuisinière du Val de Loire
- Cuisinière Vendéenne
- Cuisinière Wallonne

❧

- Cuisine au Chocolat
- Cuisine au Foie Gras
- Cuisine au Vin

- Cuisine des fruits & légumes
- Cuisine de la mer

✳ www.editionsstephanebaches.com ✳